Diseñar exhibiciones de mariposas

Nicole Sipe

Smithsonian

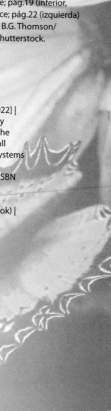

Autora contribuyente

Heather Schultz, M.A.

Asesores

Cindy Brown
Supervisora de horticultura
Especialista en colecciones
Smithsonian Gardens

Gary Krupnick, Ph.D.
Jefe de la Unidad de Conservación de
Plantas
Departamento de Botánica,
National Museum of Natural History

Tamieka Grizzle, Ed.D.
Instructora de laboratorio de CTIM
de K-5
Escuela primaria Harmony Leland

Stephanie Anastasopoulos, M.Ed.
TOSA, Integración de CTRIAM
Distrito Escolar de Solana Beach

Créditos de publicación

Rachelle Cracchiolo, M.S.Ed., *Editora*
Diana Kenney, M.A.Ed., NBCT, *Realizadora de la serie*
Véronique Bos, *Directora creativa*
Caroline Gasca, M.S.Ed., *Gerenta general de contenido*
Smithsonian Science Education Center

Créditos de imágenes: contraportada, pág.5 (superior), pág.11 (inferior), pág.12, pág.13 (inferior), pág.18 (todas), pág.19 © Smithsonian; pág.6 (derecha), pág.7 (inferior), pág.16 (derecha) Gregory G. Dimijian/Science Source; pág.7 (superior) Francesco Tomasinelli/Science Source; págs.10–11 Chris Jenner/Shutterstock; pág.13 (superior) GFC Collection/NHPA/Photoshot/Newscom; pág.15 (inferior) Simon Fraser/Science Source; pág.16 Per-Anders Pettersson/Getty Images; pág.18, pág.20 Robin Chittenden/Alamy; pág.19 (superior), pág.21 (superior) Oli Scarff/Getty Images; pág.19 (inferior, derecha), 21 (inferior, derecha) Will & Deni McIntyre/Science Source; pág.19 (inferior, izquierda), pág.21 (inferior, izquierda) Louise Murray/ Science Source; pág.22 (izquierda) Susan Biddle/The Washington Post/Getty Images; pág.25 (inferior) B.G. Thomson/Science Source; todas las demás imágenes cortesía de iStock y/o Shutterstock.

Library of Congress Cataloging-in-Publication Data

Names: Sipe, Nicole, author.
Title: Diseñar exhibiciones de mariposas / Nicole Sipe.
Other titles: Designing butterfly exhibits. Spanish
Description: Huntington Beach, CA : Teacher Created Materials, [2022] | Includes index. | Audience: Grades 4-6 | Summary: "Many butterfly species populations are in decline. It can be hard to see them in the wild. Fortunately, people can see butterflies up close at exhibits all over the world. Learn how scientists plan and create indoor ecosystems for these beautiful winged creatures"-- Provided by publisher.
Identifiers: LCCN 2021044096 (print) | LCCN 2021044097 (ebook) | ISBN 9781087625263 (paperback) | ISBN 9781087644110 (epub)
Subjects: LCSH: Butterflies--Exhibitions--Juvenile literature.
Classification: LCC QL545.2 .S5718 2022 (print) | LCC QL545.2 (ebook) | DDC 595.78/9074--dc23
LC record available at https://lccn.loc.gov/2021044096
LC ebook record available at https://lccn.loc.gov/2021044097

✺ Smithsonian

Teacher Created Materials

5301 Oceanus Drive
Huntington Beach, CA 92649-1030
www.tcmpub.com
ISBN 978-1-0876-2526-3

Contenido

Hermosas mariposas

Una mariposa de colores brillantes extiende las alas y levanta vuelo. Una mariposa con manchas bebe el dulce néctar de una flor cercana. Un grupo de mariposas revolotea cerca de un arbusto en flor, en busca de un sitio para aterrizar.

Desde donde estás, ves muchas mariposas que vuelan a tu alrededor. Sus delicadas alas te rozan los brazos. Las mariposas bailan frente a tus ojos. Estás rodeado de criaturas aladas. Por todos lados hay plantas exuberantes y flores abiertas en este lugar cálido y **húmedo**.

Un lugar donde puedes estar rodeado de mariposas tal vez te parezca un sueño. Pero las exhibiciones de mariposas son reales. Y, además, cumplen un papel importante.

Las mariposas son una parte importante de los **ecosistemas**. Por desgracia, muchas especies de mariposas están **en peligro de extinción**. Para eso están las exhibiciones de mariposas. En un espacio cerrado, podemos aprender más sobre estas criaturas aladas. Podemos ver cómo se relaciona su vida con las plantas de las que dependen. Y podemos aprender cómo proteger a estos insectos de los peligros de vivir en la naturaleza.

Un grupo de mariposas es una bandada. Un grupo de orugas es un ejército.

mariposa cometa de papel

En la naturaleza

Las mariposas no son solo insectos de colores brillantes y alas bonitas. Ayudan a **polinizar** las flores y las plantas. Muchas plantas dependen de los polinizadores, como las mariposas, para sobrevivir y producir nuevas semillas.

Las mariposas también son importantes para la cadena alimenticia. Son el alimento de otros animales. Muchas aves, murciélagos y ratones comen mariposas y orugas. Cuando las mariposas se van o se mueren, los animales que las comen tienen menos alimento y deberán buscar otro lugar donde haya más comida. A su vez, los animales más grandes que comen pájaros, murciélagos y ratones también tendrán menos alimento.

Los científicos usan las mariposas para medir la salud de un área. Si las mariposas se van o comienzan a morir en grandes cantidades, los científicos prestan atención. Es una señal de que algo ha cambiado. Es posible que haya más problemas en el futuro. También puede suceder lo opuesto. Si hay muchas mariposas y orugas en un área, significa que el área está sana.

Un ave caza una oruga.

Un ratón come mariposas monarca.

Una mantis religiosa
come una mariposa.

Las mariposas polinizan
más plantas que
cualquier otro insecto,
excepto las abejas.

Una mariposa recolecta
polen de una planta.

Para las mariposas es difícil vivir en la naturaleza. En los últimos 20 años, la población de muchas mariposas silvestres se ha reducido, en especial la de mariposas monarca.

En la década de 1990, había más de 1,000 millones de monarcas en el mundo. Durante los siguientes 25 años, ese número se redujo a 35 millones. Nadie sabe con certeza por qué sucedió eso. Pero los científicos tienen algunas ideas.

Algunos científicos piensan que las mariposas están poniendo menos huevos que antes. Las personas rocían **herbicidas** en grandes áreas de tierra para matar las malas hierbas. Pero también matan a las plantas de las que se alimentan las mariposas y en las que ponen huevos. Es un problema grave. Las mariposas cumplen muchos roles en el ecosistema donde viven. Cuando las mariposas desaparecen, muchas tareas quedan sin hacer.

Una mariposa pone huevos.

Un trabajador rocía herbicidas.

Estas mariposas monarca se posan en las ramas de un árbol.

Población de monarcas en América del Norte

- Población en el este
- Población en el oeste

MATEMÁTICAS

Contar las mariposas

Los científicos observan cuántas mariposas viven en la naturaleza. Pero contarlas una por una llevaría demasiado tiempo. En realidad, los científicos hacen estimaciones. Cuentan pequeños grupos de mariposas. A veces ven mariposas en grupos, o racimos, muy grandes. En esos casos, cuentan una pequeña parte y usan ese número para estimar cuántas hay en total en el grupo.

El conocimiento nos da alas

Los números no mienten. Las mariposas están muriendo. Los científicos lo saben desde hace muchos años. Y, sin embargo, muchas personas aún no están enteradas de este problema. Los científicos quieren correr la voz. Cuantas más personas conozcan los problemas que enfrentan las mariposas, más podrán ayudar a encontrar soluciones.

Una solución es construir más exhibiciones de mariposas. Esos espacios sirven para el aprendizaje práctico. Los visitantes pueden usar todos sus sentidos para aprender sobre las mariposas y sus **hábitats**.

Las exhibiciones de mariposas se crean para que las personas puedan verlas en acción. La mayoría de las personas solo han visto a estos insectos volar, alimentarse o descansar. ¡Pero las mariposas hacen mucho más! En las exhibiciones, las personas pueden aprender sobre el comportamiento de las mariposas observándolas de cerca.

Una mariposa se posa en la mano de un niño.

Charaxes cithaeron
P440D CHAR CITH 10

Consul fabius

Graphium agamemnon
P520 GRAP AGAM 10

Algunas mariposas tienen un ciclo de vida corto, así que los criadores envían mariposas a las exhibiciones con regularidad.

El proceso de diseño

Hay exhibiciones de mariposas en todo el mundo. Son un buen lugar para ver mariposas de cerca, comportándose como lo harían en la naturaleza. Quizá incluso veas orugas o **pupas**.

Se debe pensar muy bien en cada detalle de una exhibición de mariposas mucho antes de que lleguen los insectos y las plantas. Cada exhibición debe ser un espacio seguro donde las mariposas puedan **prosperar**. Los diseñadores se basan en lo que saben sobre las mariposas en la naturaleza para construir las exhibiciones.

El diseño comienza con la sala que se usará. Algunas salas son mucho mejores que otras para una exhibición. Las exhibiciones suelen tener muchas ventanas. Es que a las mariposas les encanta la luz del sol. La necesitan para vivir. Por las ventanas, entra luz. También se pueden agregar lámparas especiales para que las mariposas reciban aún más calor y más luz.

pupas en una exhibición

Las paredes de vidrio del jardín de mariposas Dancing Wings, en Nueva York, dejan entrar la luz del sol.

ARTE

mariposas en el arte coreano

Arte vivo

Las mariposas han inspirado a los artistas durante miles de años. ¡Hasta se han encontrado dibujos de mariposas en cuevas! A algunos artistas les gustan los colores brillantes de las mariposas, y les encanta verlas revolotear por el aire. A otros les interesa su **singular** ciclo de vida. Muchas culturas han relacionado a las mariposas con el alma humana. De hecho, la palabra que usaban los antiguos griegos para "alma", *pysche*, también quiere decir "mariposa".

Planes y plantas

Una vez que está diseñada la sala, se crea el resto del hábitat. Una de las tareas principales es escoger las plantas. Las plantas son una parte importante de todo hábitat de mariposas. Las mariposas necesitan plantas diferentes por muchas razones. Cada planta de una exhibición debe escogerse con cuidado.

En primer lugar, las plantas son la fuente de alimento de las mariposas. Pero no a todas las mariposas les gusta comer el mismo tipo de alimento. Algunas mariposas se alimentan del néctar de las flores. El bálsamo de abeja y la lavanda son dos tipos de flores que tienen néctar. Otras mariposas prefieren el jugo de la fruta madura. Es común encontrar bandejas con melones, naranjas o ciruelas cortadas en una exhibición.

Las plantas también cumplen un rol en la **reproducción** de las mariposas. En la naturaleza, las mariposas escogen con mucho cuidado dónde poner sus huevos. Escogen plantas, como el algodoncillo, con hojas que serán una buena fuente de alimento para sus crías una vez que nazcan. No ponen huevos si no encuentran las plantas que necesitan. Si la idea es que las mariposas de una exhibición se reproduzcan, hay que saber qué plantas incluir.

Esta mariposa monarca se alimenta de algodoncillo.

El sentido del gusto de las mariposas está en las patas. Las patas tienen sensores similares a las papilas gustativas que los seres humanos tenemos en la lengua.

Estas mariposas comen naranjas y sandías de una bandeja.

Una mariposa almirante rojo se alimenta en un arbusto de lilas.

Un lugar cálido

Por último, se debe escoger el **clima** perfecto. Las exhibiciones de mariposas son calurosas y húmedas. La temperatura se mantiene alrededor de 27° Celsius (80° Fahrenheit). Hay un alto nivel de humedad. Se siente en el aire. Las exhibiciones son así por una buena razón. Las mariposas tienen sangre fría. Necesitan el calor para volar. Cuando hace demasiado frío, no pueden moverse. Si no pasan frío, las mariposas están más activas.

Granjas de mariposas

Una vez diseñado y construido, el hábitat está listo para recibir a las mariposas. Cientos de mariposas pueden vivir en una exhibición al mismo tiempo. ¿De dónde sacan los científicos tantas mariposas? ¡No corren por los bosques atrapando mariposas con redes gigantes! No, dependen de las granjas de mariposas.

La mayoría de las granjas de mariposas se encuentran en lugares donde ya viven muchas mariposas. Por ejemplo, México, América del Sur y África. Los criadores de esas áreas crían mariposas adultas. Las cuidan para que se reproduzcan. Cuando las mariposas ponen huevos, los criadores los recolectan a mano.

Una mujer cuida su granja de mariposas.

huevo de mariposa

Esta estructura de madera alberga muchas pupas en una granja de mariposas.

°C °F
50 120
40 100
30 80
20 60
10 40
0 20
10 0
20 20
30 20

CIENCIAS

Más calor

Las mariposas no pueden volar si la temperatura es inferior a 12 °C (55 °F). Eso se debe a que sus alas absorben el calor del sol. El calor las ayuda a moverse. A las mariposas también les encanta la luz solar. Las exhibiciones deben recrear esas condiciones ideales para que las mariposas vivan felices y sanas.

De huevo a mariposa

Cuando los huevos de mariposa se rompen, ¡salen orugas! Las orugas comen mucho. ¡Algunas pueden comer 27,000 veces su propio peso! Todo ese alimento las ayuda a crecer. Crecen rápido y mudan de piel unas cuatro veces. Después, llegan a la etapa de pupa. Las orugas crean una capa protectora a su alrededor. Esa capa protectora se conoce como **crisálida**. Una vez que la oruga tiene su crisálida, los criadores pueden enviarla a una exhibición. Las pupas pueden enviarse a todas partes del mundo.

Cuando los científicos de las exhibiciones reciben las pupas, las fijan con cuidado en un tablero. Luego, esperan. Pronto, salen las mariposas. ¡Ya están listas para volar en su nuevo hogar!

Las granjas de mariposas son muy útiles para las exhibiciones de mariposas. Pero también ayudan a proteger estos insectos en la naturaleza. Los hábitats de las mariposas silvestres están desapareciendo en todo el mundo. Se están talando los bosques donde las mariposas viven y se reproducen. Se están construyendo casas en los campos que solían habitar las mariposas. Se rocían sustancias químicas sobre las plantas que comen las mariposas. Pero los criadores usan la tierra para el bien de las mariposas.

Los científicos sujetan las pupas a un tablero.

Pendiendo de un hilo

La crisálida cuelga de un árbol o de una hoja mientras la mariposa crece en su interior. Para recrear esa estructura, los científicos fijan las pupas a unos tableros en las exhibiciones. Insertan un alfiler en un hilo de seda que está en la parte superior de la crisálida. Si no hay seda, los científicos pegan la crisálida a una hoja de papel y luego clavan el papel en el tablero.

Separadas

Las mariposas que están en las exhibiciones pasan toda su vida en interiores. La duración de su vida depende del tipo de mariposa. Las mariposas monarca pueden vivir hasta ocho meses. Las mariposas más pequeñas solo viven una semana.

Los científicos han descubierto que no es buena idea liberar en la naturaleza a las mariposas criadas en granjas. Eso podría perjudicar a las mariposas silvestres. Las mariposas criadas en granjas podrían transmitir enfermedades mortales a las mariposas silvestres.

Las investigaciones también se verían afectadas. Los científicos recopilan datos sobre las mariposas silvestres con mucho detalle. Observan los diferentes tamaños de las mariposas. También miran adónde viajan las mariposas y dónde viven. Introducir en la naturaleza mariposas criadas en granjas les daría a los científicos datos incorrectos. Entonces, sería más difícil hacer aumentar el número de mariposas silvestres que nacen. Por eso, es importante que las mariposas criadas en granjas pasen toda su vida en las exhibiciones.

pegatina para mariposas

TECNOLOGÍA

¡En sus marcas!

Uno de los métodos que usan los científicos para aprender más sobre las mariposas es marcarlas. Cuando capturan una mariposa para examinarla, los científicos le colocan una pequeña pegatina en un ala, con mucho cuidado. Cada pegatina tiene un número único. Luego, los científicos liberan a la mariposa. Si alguien ve una mariposa marcada, puede registrarla en línea. Así, los científicos pueden rastrear adónde viaja la mariposa a lo largo de su vida.

exhibición de mariposas

Un científico recopila datos de una mariposa.

Esta mariposa ha sido marcada.

Visitar una exhibición

Antes de visitar una exhibición de mariposas, lo mejor es prepararse. Hay cosas que puedes hacer para que tu excursión sea un éxito. Primero, averigua qué tipos de mariposas hay en la exhibición. Así sabrás qué buscar.

Además, piensa qué te gustaría hacer durante la visita. ¿Quieres tomar fotos o hacer dibujos de las mariposas? Si es así, debes ir temprano por la mañana o al final de la tarde. Es entonces cuando las mariposas están menos activas. Si quieres ver mariposas en vuelo, ve más tarde por la mañana o temprano por la tarde.

Por último, piensa en la ropa que usarás. Las mariposas se sienten atraídas por los colores llamativos. Si usas una camiseta de colores llamativos, es más probable que se posen sobre ti. Si no quieres que eso suceda, evita esos colores.

Estos estudiantes examinan una crisálida en una exhibición.

El ala de esta mariposa se ve con claridad a través de la crisálida.

primerísimo primer
plano de la cabeza
de una mariposa

Las mariposas ven
los colores y la
luz **ultravioleta**.

Mientras miras las mariposas de una exhibición, tal vez notes que una mariposa va y vuelve muchas veces por un área específica. Ese comportamiento se conoce como **patrullaje**. Así es como las mariposas macho buscan pareja.

También es posible que veas un grupo de mariposas junto a un charco de agua. Los científicos le agregan sales y nutrientes al agua. Las mariposas se alimentan en los charcos.

Dado que las mariposas son de sangre fría, necesitan una fuente de calor que las ayude a calentar el cuerpo. Una manera de calentarse es tomar sol. Las mariposas usan las alas para **asolearse** mejor. Por lo general, las alas son más oscuras de un lado que del otro. Las áreas más oscuras retienen mejor el calor. Según el caso, la mariposa abre las alas o las cierra para que el lado oscuro apunte a la fuente de calor. En una exhibición de mariposas, esa fuente de calor puede ser el sol que entra por las ventanas. O puede ser una lámpara que emite calor.

Algunas mariposas no duermen por la noche, pero se mueven menos.

Un grupo de mariposas se reúnen junto a un charco.

Una mariposa busca pareja.

Cómo ayudar a nuestras amigas aladas

Las mariposas necesitan nuestra ayuda. Muchas especies de mariposas están en peligro de extinción. Es posible que pronto desaparezcan para siempre. Científicos de todo el mundo se han propuesto solucionar este problema. Han encontrado muchas formas de ayudar a las mariposas. Pero no pueden salvarlas solos. Una manera de ayudarlos es plantar algodoncillo en los jardines de las casas. Esa planta atraerá a las mariposas, y allí tendrán dónde poner sus huevos.

Las personas también pueden ayudar a los científicos haciendo un **seguimiento** de las mariposas que están en su patio trasero. Pueden contar cuántas mariposas ven. También pueden tomar notas sobre su tamaño y especie. Esos datos se pueden agregar a los sitios web de conteo de mariposas.

¿Necesitas más razones para salvar a las mariposas? Visita una exhibición de mariposas. ¡Verás cientos de razones volando por allí! Sí, las mariposas son hermosas. También son importantes para los ecosistemas y para el futuro de nuestro planeta.

Hay unas 20,000 especies de mariposas en la Tierra.

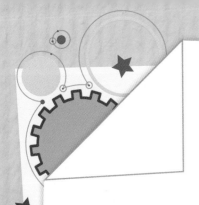

DESAFÍO DE CTIAM

Define el problema:

En todo el mundo, las mariposas están perdiendo sus hábitats. Algunas personas han matado las plantas de las que dependen las mariposas. Una forma de ayudar es hacer comederos para mariposas. Tu tarea es diseñar y construir un comedero para mariposas que atraiga a las mariposas locales.

Limitaciones: Solo puedes usar artículos reciclados o encontrados para construir el comedero para mariposas.

Criterios: Tu comedero debe atraer a las mariposas de algún modo. Para que lo puedan usar muchas personas, debe poder ajustarse al menos a dos alturas diferentes.

Investiga y piensa ideas

¿Qué comen las mariposas? ¿Qué atrae a las mariposas? ¿Qué tan grande debería ser el comedero?

Diseña y construye

Bosqueja tu diseño. ¿Qué elemento de tu comedero atraerá a las mariposas? ¿Cuáles son los materiales que mejor funcionarán? Construye el comedero.

Prueba y mejora

Preséntales tu diseño a otros estudiantes. Explícales cómo atraerá a las mariposas. Prepara tu comedero. Pruébalo regulando la altura. ¿Se queda en el lugar? ¿Es estable? Escucha las opiniones de tus compañeros. Modifica tu diseño y vuelve a intentarlo.

Reflexiona y comparte

¿Qué materiales usarías si no tuvieran que ser reciclados? ¿De qué otras maneras podrías ayudar a las mariposas? ¿Qué parte del proceso te pareció más difícil?

Glosario

asolearse: tomar sol

clima: las condiciones del tiempo habituales de un lugar

crisálida: la capa externa, dura y protectora de una pupa de mariposa; la etapa de crecimiento entre una oruga y una mariposa

ecosistemas: los grupos de seres vivos y cosas sin vida que forman parte de un medioambiente

en peligro de extinción: describe ciertos tipos de seres vivos que corren el riesgo de dejar de existir

hábitats: las áreas donde viven plantas o animales

herbicidas: productos químicos que se utilizan para evitar que crezcan ciertas plantas

húmedo: describe un lugar donde caen muchas lluvias

patrullaje: la acción de recorrer un área para vigilarla o protegerla

polinizar: llevar polen de una planta a otra

prosperar: desarrollarse o crecer mucho

pupas: insectos jóvenes que están en la etapa entre larva y adulto

reproducción: la acción de aparearse o de producir plantas jóvenes o crías de animales

seguimiento: observación cuidadosa de un proceso

singular: especial

ultravioleta: un tipo de luz que los seres humanos no pueden ver

Índice

¿Quieres trabajar con mariposas?
Estos son algunos consejos para empezar.

"Hay muchas especies de plantas que atraen mariposas en el Jardín de Mariposas del Smithsonian. Las mariposas se alimentan del néctar de las plantas. Ponen huevos en las plantas huésped. Es importante aprender sobre plantas, jardinería, insectos e incluso química para crear un jardín que atraiga mariposas". *—James Gagliardi, horticultor*

"Siempre me ha encantado la naturaleza. Cuando era niño, estudiaba ranas e insectos. Obtuve un título universitario en entomología, que es el estudio de los insectos. Interesarse por la naturaleza y los insectos es muy importante, al igual que viajar y explorar. Colecciono nuevas especies de insectos dondequiera que voy". *—Nate Erwin, exdirector del Pabellón de Mariposas y Zoológico de Insectos Orkin*